Leserabe
1. Lesestufe

Vanessa Walder

Feengeschichten

Mit Bildern von Betina Gotzen-Beek

Ravensburger Buchverlag

Bibliografische Information der Deutschen Nationalbibliothek:

Die Deutsche Nationalbibliothek verzeichnet diese Publikation
in der Deutschen Nationalbibliografie.
Detaillierte bibliografische Daten sind im Internet
über **http://dnb.d-nb.de** abrufbar.

5 6 7 8   11 10 09

Ravensburger Leserabe
© 2007 Ravensburger Buchverlag Otto Maier GmbH
Umschlagbild: Betina Gotzen-Beek
Umschlagkonzeption: Sabine Reddig
Redaktion: Sabine Schuler
Printed in Germany
ISBN 978-3-473-36204-2

www.ravensburger.de
www.leserabe.de

Inhalt

Feen-Fangen 4

Schwimmflügel 13

Eine freche Fee? 23

Namen, los! 33

Leserätsel 41

Feen-Fangen

Im Garten ist es schon fast dunkel.
Ich laufe einem Glühwürmchen nach.
Erwischt! Ich hab's gefangen!

Das Glühwürmchen kitzelt
mit den Flügeln meine Hände.
Aber ich lasse es nicht mehr los!

Ich flitze mit meiner Beute ins Haus.
Dort setze ich das Glühwürmchen
unter ein Glas und murmle:
„So ein dicker Brummer!"

„Ich bin nicht dick, Junge!",
quiekt das Glühwürmchen.
„Und auch kein Glühwürmchen!"

Ich reiße die Augen auf.
„Du kannst ja sprechen", rufe ich.
„Alle Feen können das", sagt die Fee.

Ich habe eine Fee gefangen,
eine richtige Fee!
Was mache ich denn jetzt?
Da kommt mir eine Idee:
Feen erfüllen Wünsche, stimmt's?
„Beweise mir, dass du eine Fee bist!
Zaubere mir ein rotes Fahrrad."

„Tja, dann lass mich frei", sagt die Fee.
„Solange ich unter dem Glas bin,
kann ich nicht zaubern."
Ich überlege. Ist das eine Falle?

„Und wenn du abhaust?"
Die Fee tritt gegen das Glas.
„Du bekommst dein Rad",
ruft sie ungeduldig.

Ich hebe das Glas hoch.
Die Fee fliegt heraus und zaubert.

Schon steht ein rotes Fahrrad
in meinem Zimmer. Wahnsinn!
Sofort hüpfe ich in den Sattel.

Was könnte ich mir noch wünschen?
Da knallt es laut
und ich plumpse auf den Boden.
Mein Fahrrad ist weg.

„Du hast gelogen, Fee!", brülle ich.
„Ich sollte ein Fahrrad bekommen."

Die böse Fee kichert.
„Bekommen hast du es auch",
sagt sie grinsend.
„Von behalten war nicht die Rede."

Damit fliegt sie aus dem Fenster.
Wütend stampfe ich in den Garten.
„Willst du Glühwürmchen fangen?",
fragt mich meine Mutter.
„Nein, eine Fee", knurre ich.
„Aber diesmal eine gute."

Schwimmflügel

Ich bin fünf Wochen alt
und kann noch nicht fliegen.
Dabei bin ich eine Fee!
Alle Feen können fliegen.

„Keine Eile", murmle ich.
„Nur kein Stress. Ganz ruhig."

Ich hänge an einem Ast
und soll loslassen.

„Spring!", ruft meine Mama.
Ich mache die Augen zu
und lasse mich fallen.

Ich bleibe zwar in der Luft,
aber das liegt nicht an mir.
Ich hänge an einem Faden.

Der Faden gehört Rondella,
einer befreundeten Spinne.

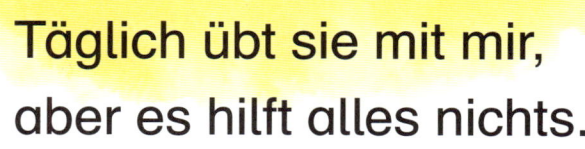

Täglich übt sie mit mir,
aber es hilft alles nichts.

Traurig trotte ich zum Bach
und setze mich auf ein Blatt.

Meine Freunde fliegen vorbei
und winken mir von oben zu.

Da löst sich mein Blatt
und fällt in den Bach.
Alle kreischen erschrocken auf.
Feen können nicht schwimmen!

Meine Mama fliegt her zu mir.
„Nimm meine Hand!", ruft sie.

Aber ich rutsche ab und
falle platschend ins Wasser.

Ich sinke wie ein Stein.
Da mache ich ganz von selbst,
was ich gelernt habe:
Ich schlage mit den Flügeln.

Plötzlich schieße ich nach oben
wie ein Pfeil und tauche auf.

Mit zwei Flügelschlägen
bin ich am Ufer.

Die anderen Feen klatschen.
„Deshalb kann sie nicht
durch die Luft fliegen",
sagt Rondella lachend.
„Diese Fee
hat Schwimmflügel!"

Eine freche Fee?

Katze Mira liegt auf der Lauer.
Doch sie wartet nicht auf Mäuse,
sondern auf die freche Fee.

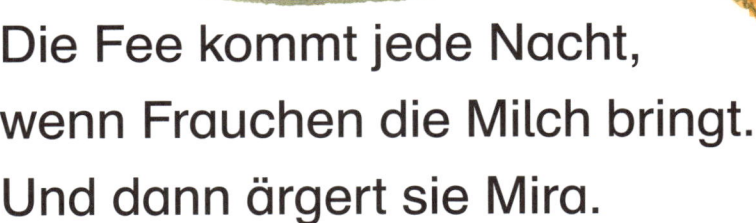

Die Fee kommt jede Nacht,
wenn Frauchen die Milch bringt.
Und dann ärgert sie Mira.

Auch heute bringt Frauchen Milch
und geht dann ins Bett.

Kurz darauf kommt die Fee
durchs Küchenfenster geflogen.

Erst sitzt sie nur da und wartet.
Aber sobald Mira Milch trinkt,
fliegt die Fee los.
Sie wirft einen Löffel zu Boden.

Mist! Frauchen denkt sicher, dass Mira den Krach macht. Mira springt auf den Tisch, aber die Fee ist schneller.

Kichernd fliegt sie auf die Lampe.

Wieder springt die Katze,
aber die Fee ist schon weg.
Jetzt sitzt sie auf der Pflanze.

Mira hetzt ihr nach
und stößt die Pflanze um.
Überall liegt Erde.

Frauchen wird denken,
dass Mira den Dreck macht.
Die Katze hört Schritte
und freut sich heimlich.
Endlich sieht Frauchen die Fee.

Das Licht geht an
und Frauchen kommt herein.

Sie schimpft nur mit Mira,
nicht mit der Fee.
Die sitzt lachend auf der Uhr.

Frauchen sieht nur den Dreck
und hört nur den Lärm.
Die Fee sieht und hört sie nicht.

Mira trinkt ihre Milch aus
und läuft ins Wohnzimmer.
Jede Nacht gewinnt die Fee.
Warum ärgert sie Mira immer?

Die Fee fliegt durchs Fenster.
Sie kommt wieder hungrig heim.
Die anderen Feen warten schon.

„Hat die Katze diesmal mit dir
ihre Milch geteilt?"

Die Fee schüttelt den Kopf.
„Das ist die dümmste Katze,
die mir je begegnet ist", sagt sie.
„Vielleicht kapiert sie's morgen."

Namen, los!

Valerie schlüpft
in das Kleid,
das ich für sie gezaubert habe.

Heute findet der Ball statt,
auf dem sie ihren Prinzen trifft.
Damit das alles klappt,
braucht sie eine Fee: mich.

Ich mache so was ständig.
In Märchen brauchen Mädchen
andauernd gute Feen.
„Märchen sind doof", sage ich.

Valerie nickt lächelnd
und streicht ihr Kleid glatt.
„Und was ist mit den Schuhen?", fragt sie.
Ich wedle mit dem Zauberstab.

„Zum Beispiel Aschenputtel", sage ich.
„Wer spielt die Hauptrolle?
Wer rettet die ganze Geschichte?
Richtig: die gute Fee!"

„Genau", trällert Valerie.
„Gute Feen sind toll!
Bekomm ich noch eine Kutsche?"
Ich zaubere eine mit zwei Pferden.

„Und ihr Name?", rufe ich.
„Wie heißt Aschenputtels Fee?"

Valerie zuckt mit den Schultern,
während ich ihr Locken zaubere.

„Das weiß keiner", sage ich.
„Weil die Geschichte endet,
sobald das Mädchen heiratet.
Bei Dornröschen gibt es
dreizehn Feen ohne Namen."

Ich helfe Valerie in die Kutsche.
„Fein siehst du aus", sage ich.
„Der Prinz wird sich sofort
in dich verlieben."

„Danke, gute Fee!", ruft sie
und winkt aus dem Fenster.

„Hey, warte mal, Valerie!"
Ich fliege der Kutsche nach.
„Ich hab noch keinen Namen!
Schnell, sag meinen Namen, los!
Sonst endet die Geschichte und
keiner erfährt meinen Namen.
Valerie, warte doch …!"

Vanessa Walder wurde 1978 in Heidelberg geboren. Sie begann bereits während ihres Jurastudiums zu schreiben, arbeitete außerdem als freie Journalistin. Irgendwann hängte sie ihr Studium an den Nagel und war drei Jahre Chef vom Dienst der österreichischen Jugendzeitschrift TOPIC. Inzwischen lebt und arbeitet sie als freie Schriftstellerin in Wien.

Betina Gotzen-Beek zählt derzeit zu den beliebtesten Kinderbuchillustratorinnen. Mit ihren pfiffigen Zeichnungen hat sie schon zahlreichen Erstlesetiteln und Bilderbüchern einen unverwechselbaren Charme verliehen.
Seit 1996 ist sie als freiberufliche Illustratorin tätig. Vorher hat sie Grafikdesign studiert und zeitweise auch als Restaurateurin, Floristin, Köchin und Verkäuferin gearbeitet.

Leserätsel
mit dem Leseraben

Super, du hast das ganze Buch geschafft!
Hast du die Geschichten ganz genau gelesen?
Der Leserabe hat sich ein paar spannende
Rätsel für echte Lese-Detektive ausgedacht.
Mal sehen, ob du die Fragen beantworten kannst.
Wenn nicht, lies einfach noch mal
auf den Seiten nach. Wenn du die richtigen
Antwortbuchstaben in die Kästchen auf Seite 42
eingesetzt hast, bekommst du das Lösungswort.

Fragen zu den Geschichten

1. Was wünscht sich der Junge von der Fee?
   (Seite 7)
   M: Ein rotes Fahrrad.
   P: Ein blaues Gummiboot.

2. Was soll die kleine Fee lernen? (Seite 13)

O : Sie soll singen lernen.

Ä : Sie soll fliegen lernen.

3. Was macht die kleine Fee im Wasser? (Seite 20)

L : Sie fängt Fische.

C : Sie schlägt mit den Flügeln.

4. Warum ärgert die Fee die Katze Mira? (Seite 30/31)

H : Mira soll die Milch mit ihr teilen.

G : Die Fee mag Mira nicht.

5. Was wünscht sich die Fee von Valerie? (Seite 39)

D : Sie möchte mit ihr auf den Ball.

N : Sie möchte, dass Valerie ihr einen Namen gibt.

Lösungswort:

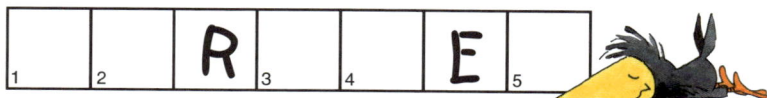

1	2	3	4	5
		R		E

Rabenpost

Super, alles richtig gemacht! Jetzt wird es Zeit für die RABENPOST.
Schicke dem LESERABEN einfach eine Karte mit dem richtigen Lösungswort. Oder schreib eine E-Mail. Wir verlosen jeden Monat 10 Buchpakete unter den Einsendern!

An den LESERABEN
RABENPOST
Postfach 20 07
88 190 Ravensburg
Deutschland

leserabe@ravensburger.de
Besuch mich doch auf meiner Webseite:
www.leserabe.de

Ravensburger Bücher vom Leseraben

1. Lesestufe für Leseanfänger ab der 1. Klasse

ISBN 978-3-473-**36204**-2

ISBN 978-3-473-**36217**-2

ISBN 978-3-473-**36218**-9

2. Lesestufe für Leseanfänger ab der 2. Klasse

ISBN 978-3-473-**36208**-0

ISBN 978-3-473-**36173**-1

ISBN 978-3-473-**36222**-6

3. Lesestufe für Leseanfänger ab der 3. Klasse

ISBN 978-3-473-**36210**-3

ISBN 978-3-473-**36214**-1

ISBN 978-3-473-**36187**-8

www.ravensburger.de / www.leserabe.de